소금이 꿈꾸는 바다

소금이 꿈꾸는 바다

발행일	2025년 12월 1일
지은이	秀蘭 정명자
펴낸이	백대현
펴낸곳	도서출판 정기획(Since 1996)
출판등록	2010년 8월 25일(제2010-000003호)
주소	경기도 시흥시 서촌상가4길 14
전화번호	(031)498-8085, 010-2310-8085
팩스번호	(031)498-8084
이메일	cad96@naver.com
ISBN	979-11-93579-25-1 03800 (종이책)　979-11-93579-26-8 05800 (전자책)

이 책의 판권은 지은이와 정기획에 있습니다.
저작권법에 따라 보호받는 저작물이므로 무단 전재와 복제를 금합니다.

다섯 번째 시집

정명자 시집

소금이 꿈꾸는 바다

꽃잎 하나에도 흔들리고, 바람 한 줄기에도 마음을 내어주며,
삶의 무게와 그리움의 깊이를 언어로 승화시킨 12년의 기록.

정기획

시인의 말

    시집을 내던 26년 전의 떨림과 설렘이 아직 가슴에 남아 있는데, 게으른 12년의 영혼을 꼬깃꼬깃 접어 다섯 번째 시집 속에 담았다.

    이 나이에도 아직 훈훈한 아버지 등처럼 그리운 고향, 나의 유년은 아버지만큼 늙어 있는데 아직 철없는 나는 거기에 머물러 있을지도 모른다.
    시는 언제나 삶의 가장 깊은 바닥에서의 울림 같기도 했었고, 기쁠 때보다 아플 때, 그리울 때 찾아오는 불청객 같은 친구이기도 했다.
    사라지는 꽃잎 하나, 스쳐 가는 바람 한 줄기에도 마음 쓰였던 떠나간 수많은 이야기들은 잊을 수 있었다. 하지만 어머니, 그리고 아버지 색깔별로 하나하나 다른 그리움으로 기록했고, 떠나보낸 많은 이야기들과 눈물의 무게, 웃음의 크기를 나의 기준으로 기록했다.

  12월, 추운 계절에 나의 분신들을 모아 다섯 번째 시집을 보내는 기분이다. 겨울이야말로 가장 깊고 긴 침묵 속에서 새로운 시작을 잉태한 희망의 시간이라 믿기 때문이다.
  나무가 잎을 다 떨군 자리에서 새순이 움트듯, 비워낸 자리에서 새로운 소망 하나 씨앗으로 품기 위함이고, 앞으로는 더 아름답고 행복한 언어로만 승화시키기 위한 약속이기도 하다.
  한없이 부족함을 알지만 이 글들이 누군가에겐 작은 위로와 희망이 되기를 소망한다.

오래도록 뒷걸음질하며 기다린 12년을 여기에 다 풀어놓으면서 묵묵히 다섯 번째 시집을 위해 응원해 주신 모든 분들께 진심 어린 감사를 전한다. 그분들의 한 마디 따뜻한 위로와 관심이 없었다면 세상에 드러내지 못했을 것이다.
 앞으로도 나의 사라지는 길 위에서 끊임없이 겸허하게 배우며 기록하며 소망을 채워 나갈 것이다.

2025년 12월

정명자

추천사

정명자 시인의 다섯 번째 시집 『소금이 꿈꾸는 바다』는 12년이라는 긴 시간의 숙성을 거쳐 세상에 나왔다. 이 침묵의 시간은 아마도 시인이 지나온 모든 감각과 경험을 '소금'과 '바다'라는 두 개의 거대한 원형적 이미지 속에 응축시키는 눈부신 시간이었을 것이다.

시집의 표제작이 제시하는 '소금이 꿈꾸는 바다'는, 소멸을 통해 영원성을 획득하는 역설적 주제를 꿰뚫고 있다. 바닷물이 증발하여 먼데 눈부신 소금이 오듯, 시인은 개인의 고통, 상실, 그리고 눈물의 무게를 응축하고 절제하여 단단한 언어의 결정체를 길어 올린다. 특히, "나는 원초적 물이었으며, / 너는 내 운명이었다"라는 구절은 모든 개체적 슬픔이 결국 근원적 운명, 즉 '바다'로 회

귀한다는 시인의 구도적 자각으로 이어진다.

시집은 총 4부로, 시인의 시선은 지극히 개인적인 서정에서 출발하여 사회적, 철학적 탐색으로 점진적으로 확장되는 구조적 완결성을 보여준다.

1부는 '가족'과 '고향'의 상실된 풍경을 중심으로 서정을 이끌어 간다. 「아버지의 봄」, 「동백꽃 진 사월」 등의 시편들은 유년의 기억과 부모의 부재가 남긴 아픔을 가장 섬세한 언어로 빚고 있다. 이는 시인이 가진 시 세계의 변함없는 서정의 원천이다.

2부에서 시인은 발 딛고 선 구체적인 '생활의 공간'과 '노동의 현장'으로 시선을 돌린다. 오이도, 시화공단, 성주산 등은 단순한 지명이 아닌, 고단함 속에서도 희망을 잉태하는 상징적 공간이다. 「괄호 안에 뭣이 중헌디」와 같은 작품은 일상의 통속적 언어를 해체하여 삶의 진정한 가치를 되묻는다.

3부와 4부의 시편은 개인사를 넘어 집단적 기억과 종교적 성찰의 영역으로 비약한다. 「아름다운 별이 되어」가 세월호의 슬픔을 잊지 않으려는 역사적 책임을 담는다면, 「불경을 사경하며」, 「공(空)-1」 등의 '공(空)' 연작은 불교적 사유를 통해 우리에게 궁극적인 존재의 의미를 되새김하도록 유도한다. '육만구천 자'를 적어 가는 행위는 단순히 시를 쓰는 것을 넘어, 자신을 정화하고 세계를 포용하려는 시인의 실천적 시학을 대변한다.

　이번 정명자 시인의 다섯 번째 시집 『소금이 꿈꾸는 바다』는 단정하다. 불안한 세계를 따뜻한 시선으로 바라본다. 시인이 "겨울이야말로 가장 깊고 긴 침묵 속에서 새로운 시작을 잉태한 희망의 시간"이라 믿고 있듯이, 삶의 심연에서 건져 올린 그의 시편들이 고독한 길 위에서 흔들리는 누군가에게 따뜻한 위로와 희망이 되어 주리라 믿는다.

2025년 12월
시인 임경묵

차례

1부

이런 사람이게 하소서_19
행복한 사람_20
꽃그늘_22
봄 마중_23
영화 '조난자' 속으로_24
봄비_26
3월 폭설_28
천상의 여인_30
봄 꽃잎_31
느린 오후_32
모니터 풍경_34
사랑하는 아들딸에게_35
내가 살던 고향엔_36
친구에게_37
꿈속에서_38
여름 감기_40
아버지의 봄_42
보문사 대웅전_44
나팔꽃_45

동백꽃 진 사월_46
돌멩이의 하루_48
서른 살에서 마흔아홉쯤_50
연꽃 '당신'_52
소금이 꿈꾸는 바다_53
바다는 아버지의 아픈 가슴_54

────── 2부 ──────

명자나무 꽃_57
어머니의 오월_58
오이도에서_60
상상유리체증_62
위태롭다, 가을이_64
합장하며_66
가을 앞에서_68
꿈꾸는 아침_69
비익조_70
괄호 안에 뭣이 중헌디_71
시화공단에서 집으로 가는 길_72
어느 강가에서_74
물 같은 세월이랬지_76
섬에서_77
박제_78

8월의 마지막_80

살아지는 것들_82

성주산에서_84

비타민을 먹어야 하는 이유_85

미련한 저녁_86

말, 말, 말_87

어느 여름 기차역에서_88

섬에서 온 편지-1_90

섬에서 온 편지-2_92

섬에서 온 편지-3_94

---- 3부 ----

동백꽃_97

보문사에서_98

아버지의 고향_100

취객_102

아! 대한민국_104

흔적_106

아름다운 별이 되어_108

가을 앓이_110

존재의 이유_111

정중한 이별_112

가을 예찬_114

놓치고 온 것들에 대하여_115

세상이 궁금했다-1_116

세상이 궁금했다-2_117

폐철길에서 안부를 묻는다_118

기도_120

섬진강에서_122

다음 생애_123

고독의 변방 소래강에서_124

안부_125

그날 광장에서_126

불면증_127

폭풍전야_128

녹동항에서_130

추전역의 새벽_132

4부

공(空)-1_135

공(空)-2_136

공(空)-3_137

공(空)-4_138

연못의 서_139

모란꽃_140

교통사고_141

400년의 바람_*142*

알츠하이머_*144*

이별-1_*146*

이별-2_*147*

북한강에서-1_*148*

북한강에서-2_*149*

북한강에서-3_*150*

북한강에서-4_*152*

북한강에서-5_*153*

촛불로 빛나는 밤_*154*

겨울 숲에서_*155*

상사꽃_*156*

보랏빛 연꽃 앞에서_*157*

불경을 사경하며_*158*

겨울나기_*159*

붙이지 못한 편지_*160*

1부

이런 사람이게 하소서

나의 손과 이름이 귀히 쓰일 오늘

건강히 눈 뜬 아침을 감사하고

손 내밀면 있는 가족에게 감사하며,

행여 어깨에 내린 짐이 버거워

비굴해지고 싶을 때도

부디 중심을 잃지 않게 하며,

수고 끝에 최고의 저녁으로

새로운 내일을 꿈꾸게 하소서

행복한 사람

바라만 보아도 좋은 사람
이름만 기억해도 행복한 사람
헛웃음을 보내도 웃어 주는 사람
그런 사람 있다는 것
얼마나 큰 행복인지 모릅니다

행복을 건네는 데는 조건이 없나 봅니다
허둥대며 앞만 보고 달려가는 나를
말없이 손 내밀며 웃음만 건네는
그런 사람 있다는 것
얼마나 큰 위로인지 모릅니다

행복은 크고 화려한 그릇은 아닌가 봅니다
작은 관심에도 눈물겹고 가슴 적시는
아주 사소한 일에도 따뜻한 말 한마디
그런 사람 있다는 것
얼마나 큰 행복인지 모릅니다

드러내 보이지 않아도 곁에 있어 좋고
근심이 반이 되고 기쁨은 두 배 되게 하는
나의 잰걸음을 살며시 잡아끌어 주는 사람
아직 살아볼 만한 세상
나는 참으로 감사하고 행복한 사람입니다

꽃그늘

꽃잎마다 쥐어짠 상처이거나
봄꽃들이 툭!

만개할 때 내던 울음소리이거나
꽃잎 파먹던 전생이거나

불길해진 발끝!

봄 마중

먼 곳을 보고 걸어요
그곳에 강도 있고 산도 있을까요

걷다 보니 돌에 체이고 바람에 흔들리고
그리고 만난 언덕에 산새가 지저귀겠지요

진달래 밀어내고 백일홍이 격하게 온다지요
당신을 아직 많이 알 수는 없어도

다만 당신이 다독이는 이 눈물 속에
당신이 언제부턴가 선물로 들어와 살고 있어요

영화 '조난자' 속으로

무성한 나무,
움직이는 건 높은 암벽에 부딪히는 파도뿐
아무도 살지 않는 섬
세상 끝에서 사내는 새로운 여행을 시작했다
막연히 많이 남은 내일이란 시간은
엄청난 공포. 길고도 지독한 기다림
고립된 섬에서 그의 사랑은 더 단단해졌다
밤마다 매일 동맥을 끊었다, 이었다
수없이 죽고, 살고, 깨었다 잠이 들고

가슴 속 푸른 등대
두고 온 뜨거운 나의 사랑아
홀로 고기를 잡고, 노래하고
깊고 푸른 바닷속을 기웃거리며
사랑으로 버틴 1,500일
섬에서 살아 돌아 온 사내
못 견디게 그리운 사랑

그러나 새로운 사랑 찾아 떠난
그 사람 품에 안겨
꺼억꺼억 울며 보내야 한다네

마음의 등대 여인은 떠나야만 한다네
다시 오지 못할 곳으로 보내야 한다네
영원히 잊을 수 없는 아름다운 사랑아
사랑해서 보내야 한다네, 떠나야 한다네
사내는
싸늘한 섬으로 다시 돌아간다네

* 영화: Castaway(조난자) - 주인공: Tom Hanks

봄비

지나는 봄비 사르르
꽃잎 눌러 앉혀
거리거리 어두워라

더디 오는 꽃길
재촉이야 할까마는

활짝 피려던 내 마음마저
주저앉혀 우노라

3월의 폭설

지금은 어수선한 시간
겨울이 갔는지
3월이 오는지

모두가 오늘을 걱정하고
모두가 내일이 불안하고
우울한 날들의 연속이다

3월에 때아닌 손님이
피는 꽃을 주저앉혔다
생기 없는 꽃잎 언저리가 아프다

아무도 모르게 피었다 가겠지
아무도 쓰다듬지 않는 시간
불안하게 늘어진 오후

서둘러 입을 닫고
서둘러 눈을 감고
사흘만 더 살고 싶어 몸부림치는
3월이 가고 있다

천상의 연인
– 친구의 결혼 축시

오늘 산처럼 듬직하고
봄꽃처럼 따스한 우리 두 사람
한 송이 꽃을 피우려
먼 길 돌고 돌아왔나 봅니다

강직하거나 물처럼 부드러워도
채워지지 않았던 그 넓은 여백
바람 불면 먼저 바람막이 되어 주고
비가 오면 달려가 우산이 되겠습니다

백 년도 모자란 세월 손이 되고
천년도 모자란 세월 발이 되어
해가 뜨고 지는 곳을 함께 바라보는
가장 아름다운 동행을 하려 합니다

억만 번의 시간을 돌아 찾아온 귀한 인연
하늘이 준 천상(天上)의 선물입니다.

봄 꽃잎

비 젖은 봄기운에
거리마다 꽃잎 잔치

아직 천왕봉 잔설은
3월을 인내하는 격정의 시간

느린 오후

서두르지 않아도
어김없이 찾아오는 어제의 시간

기지개 켜는 나무 곁에서
묵묵히 자라는 나의 순한 오후
등 뒤로 한 잎 지고 있다

낯설게, 아주 낯설게 흔들리며
신명 난 춤사위로 하루를 살아내는
우직한 오후

나의 하루는
익숙하면서도 낯선 빛에 갇혀
거친 발뒤꿈치만 치켜 들었다

인생사 잠시 소풍이라 하더니
아직은 만화방창(万化方暢)
이대로, 무념으로 한 삼일쯤
어허둥실 놀아도 좋으련만

모니터 풍경

봄, 여름, 가을, 겨울 몇 번은 지났을까
빛바랜 사진 속 남매가 종일 웃고 있다

나른해진 오후엔 모니터 앞에서 춤을 추고
노래 불러 주는 내 앞에서 반짝이는 별들

마른 모니터도 나의 회계 장부만큼
부지런히 마흔은 넘었을까
그 옆엔 골다공증에 좋은 칼슘제
순백의 비타민 몇 가지 영양제까지
언제부터 저들이 모니터 옆에 중식했을까

제 몸을 이기지 못해 허리 꺾인 장미 허브
뿌리 없이도 마지막까지 잎을 흔들며
향기 없는 내게 풋풋한 아침을 선물했다
이미 모니터 옆 웃고 있는 작은 별들

사랑하는 아들딸에게

긴 기다림 끝에 내게 오던 날
세상 부러울 것 없이 다 주겠노라고
최고 달콤한 사탕을 주겠노라 약속했지
때로는 모진 비바람 외진 모퉁이에서
한없이 작아진 나에게 까치발을 하고
내 주먹에 희망을 쥐어 주던 고사리 같은 손

웃음도 주고 희망도 나누는 사이 어느새
자신보다 엄마를 먼저 배려하는 어른으로
훌쩍 자라 든든한 버팀목이 되었구나

새로운 짝을 만나 하늘을 마음껏 날아
인생 최고의 동반자 손을 잡고
씩씩하고 아름다운 그림을 그려보렴
너의 손을 건네며 최고의 날들을 위해
눈물나도록 뜨거운 박수를 보낸다
내 생애 가장 축복은 너희를 만난 것이란다

내가 살던 고향엔

아기똥풀, 싸리꽃, 조팝나무 우거진 곳
그곳을 우린 고향이라 막연히 불렀다
어른들에 관해 아무것도 몰랐던 어린 시절
마냥 좋았던 유년의 시간 속
가끔은 찔레꽃 따서 씹으며
가끔은 죄 없는 싸리꽃만 꺾으며 걸었던
냉정리 뚝방 길도 지금은 고향일 뿐
몇 굽이 돌아 다시 흐르다 만난 곳
우리
이곳에선 서로 살뜰히 살피고
보듬으며 어깨를 내어주며
물 흐르듯 원망도 없는 세상
목마른 너에겐 물이 되고 기쁨이 되고
바람 부는 날엔 단단한 방패막이로
가슴 맞대고 푸른 나무로 살자 했던 곳

친구에게

어느 날 삶이 힘들어 짐이 될까
가족에게 말 못 해도 친구 불러 두서 없이
떠들면 말없이 어깨 내어 줄 친구가 있어
나는 좋더라

가진 것 조금 더 내어주고
남은 배려심 아끼지 말고
되도록 본 것 아니면 험담하지 말고
나보다 친구 자리 먼저 내어 줄줄 알고
친구 말에 귀 기울일 줄 아는,

친구가 오랫동안 무소식일 때
먼저 안부를 묻고
잘됐다 하면 박수를 보내고
힘들다하면 왼 손 내어주는
희로애락(喜怒哀樂) 함께 할 친구 있어
나는 좋더라

꿈속에서

오랜 먹구름에 짓눌린 늦저녁
거리엔 비릿한 냄새가 흥건했다
헤엄치는 것을 배운 적 없는 나는
두 손만 허우적거렸다

그림자를 뛰쳐나올 수 있을까
밤새 키운 키 큰 나무가 문제였다
이 작은 몸 어디에
저리 깊고 무례한 늪이 있을까
좌우로 도랑을 파고도 거센 물살
깜깜한 물길이 내 키를 넘어 불안했다

부지런히 새벽으로 헤엄쳤다
떨어지지 않는 다리는 깃털 같고
뛰지 않는 두려운 심장은 파닥거렸다
얼마나 지났을까
겁에 질린 육신을 젖은 혀로 핥고 가는
중후한 아침이슬 바람

여름 감기

웃으며 보내야지
떠나는 것들에게 안녕을 전해 놓고
여름 내내 열 감기에 흐물거렸다
내 몸속에 그 무엇이 살고 있는지

어제의 대찬 바람이 뼛속을 스치고
위장을 훑고 몸 밖으로 쏟아졌다
그렁그렁 뜨거운 언어들
사람들의 위선 같은 안부가 싫어졌다

모래알 가득한 입속엔 누가 살고 있는지
붉은 꽃잎처럼 들끓는 선열과도 친해졌다
악몽 같던 여름은 첫사랑처럼
그렇게 지나갔다

아버지의 봄

창밖 직박구리 울음소리 겨울 아침을 연다
빙설에 뒷걸음질하던 능청스러운 바람을 등지고
아버지 침묵이 머물던 방에도 꽃이 들었다
"이 꽃은 아들이 사다 놓았소"샛소리만 하셨다

침상 끝에 다리를 펴면 돌아오지 못할 불안함
항상 고양이처럼 웅크리고 둥근 달을 쓰다듬듯
까칠해진 발뒤꿈치 들킬까 껴안은 무릎 사이로
오래도록 길들여진 슬픔이 자꾸만 아버지를 다독였다

닥쳐올 시간을 지우고, 앞에 앉은 내 이름도 지우고
오는 사람마다 손목시계를을 보이며
"내 아들이 사준 거요"
초점 잃은 눈으로 아들의 이름만 기억하는 동안

마지막 손님 같은 아버지의 봄이 지나고
날마다 쓰다듬던 때 묻은 시계 위
하얗게 꽃이 피고
새 한 마리 푸드득 서쪽 하늘로 날아갔다

보문사 대웅전

대웅전 앞마당
천 년은 넘게 살았으리라
한 그루 아름다운 노송
부처 찾는 행인에게
바위를 뚫고 비스듬히 누워
뒤틀린 한마디

"진심으로 그대 마음 부처이거늘"
오가는 이
말없이 고개 숙이고 합장을 한다

나팔꽃

귓가에 속삭이며
눈웃음으로 맞는 새벽 인사

밤새 바람 다리 건너
들길 위로 찾아왔나
꽃비 젖은 청초함 참 곱구나

높이 높이 넝쿨 뻗어
바람결에 서면
만나는 사람마다 건네는 새벽 인사

앉은뱅이 채송화, 얄궂은 봉선화
사랑 노래 화답하며 웃네
바람 다리 건너 환한 꽃등 밝혀다오
연보랏빛 나의 사랑아

동백꽃 진 사월

그날
골목길 얼룩처럼 잠깐 다녀간 어둠
나의 6살 사월에 동그란 흔적

나를 열 달 품었던 어머니
추풍(秋風)에 꽃잎 지듯 떠났다

새벽닭 울기 전부터 사람들의 웅성거림
뒤뜰에 다 피지 못한 꽃잎들
어느새 눈물처럼 뚝뚝 떨어지고
그날 이후 동백꽃은 피지 않았다

닫힌 철문 앞으로 어둠이 내리고
어린 내 종종걸음으로 걸어 나와
어느새
나는 어른이 되었고

뒤뜰엔 동백꽃이 다시 피었다

돌멩이의 하루

누구의 다리로 머리통을 힘껏 차이고도
눈만 벌겋게 부릅뜨고 거기 있다
한쪽 귀퉁이를 내어주며
눈물을 흘렸지만 아무도 아랑곳하지 않는

누군가는 조용히 다가와 정성껏 끌어안고
더 큰 돌 위에 나를 얹고 작은 돌을 얹고
침묵을 깨고 동전 하나 더 올려 준다

내 불안한 심장이 뜨거웠다, 차가웠다
홧김에 발로 차이고 침 세례를 받고
모두 통성명도 안 한 타인이었다

어디로든 뒹굴고 구르고
나는 갈수록 더 단단해지고 뭉툭해졌다
작은 바람이다
어디로든 구르다 모래알로 살고 싶다

냄새도 소리도 없는 나는 돌멩이

서른 살에서 마흔아홉쯤

서른 살쯤 나의 마흔아홉은
참으로 화려하고 명쾌했다
꽃짐처럼 두 아이 엄마가 되어
신기루 같은 마흔아홉을 꿈꾸며
남겨질 나의 꽃들을 위하여
나는 뜨거웠고,
나는 용감했다

아버지의 노래 가사 같은 마흔아홉의 저녁
여러 갈래 샛길에서 숨이 턱! 차오르면
발톱을 세우고 먼지처럼 잡념을 털어냈다
죽순처럼 자라는 나의 꽃들을 위하여

꽃들에 울타리는 자꾸만 낮아졌다
원하지 않아도 마흔아홉을 훌쩍 넘었다
아버지는 어떻게 아셨을까
내가 이렇게 한쪽 심장이 아플 거란 것을

꽃들을 위하여 나는 뜨거웠고 용감했다

연꽃 '당신'

굽이진 바람을 돌아 잔물결 숨소리
대궁에 호롱불 달고 진흙 밟고 툭!
홍련. 백련, 황련 저렇듯 아름다울까

아름다운 선율은 뜨거운 입김이어라

숨죽인 자태 짐작하건대 슬픔이구나
그토록 긴 세월 견디고 아파하다
가장 아름다운 모습으로 왔다가

3일만 청초한 꽃으로 노닐다 진다 하였나

사람 사는 세상사 진흙 같은 지옥이라
잠시 잔물결 숨 고르듯 심신을 내려놓고
발길 뜸한 길모퉁이 숨죽이고 돌고 돌아

3일만 꽃처럼 참선하듯 좌불하고 앉았어라

소금이 꿈꾸는 바다

어느 바닷가에서 한없이 눈부셨을 결정체
넓은 평야에서 눈이 부셨을 저 날갯짓
어두운 밤 숨죽이고 꿈을 꾸는 것일까
작은 병 속 눈을 치켜뜬 모습이 측은하다

겁먹은 표정, 밤마다 별들이 말을 걸어 왔다
지상에서 흔적 없이 사라질 운명의 날을
여전히 거역하면서 어느 순간 몽환적 기억
나는 원초적 물이었으며,
나는 기억일 뿐

누구의 손가락에 잡혀 서로 다른 운명으로
너의 기억과 나의 숨결로 다시 태어날
그 날
꿈꾸던 푸르고 눈부신 바다로 가는 일
나는 원초적 물이었으며,
너는 내 운명이었다

바다는 아버지의 아픈 가슴
- 어느 눈먼 어부에 대하여

바다에서 살다 오신 아버지
화려했던 소문이 노을처럼 지고 있다
아버지의 양식이 살던 배부른 곳
귀 기울이면 정겨운 아버지 숨소리
끼니마다 우리 집 식탁으로 드나들던
바다에서 온 그들이
언제부터인가 목젖 시큰하도록 아파 온다
아버지의 고향은 황톳빛 고단한 이마
그물처럼 앙상해진 손을 잡고 밤새 걸었다
아직 양식이 사는 배부른 푸른 바다
눈먼 아버지의 손이 그리운지
먼 곳 바라보는 불편한 아버지 숨소리
습지에서 자란 억새풀 우는 소리 같구나

2부

명자나무 꽃

누군가의 지극한 기도로 여물었을
전생에 못다 한 인연 마중 나서는지
담장 밖 속삭임은 꽃처럼 붉어라
내 님일까, 지나는 길손일까

누군가에겐 간절한 오늘
깊은 산통에도 피어오른 꽃봉우리
마치 저리 한세상 태우고 갈 심산일까
죽도록 붉어라

느리게 다가 온 흐린 불빛
꽃가지에 걸려 밤을 지나지 못하는데
바람난 꽃등은 나그네를 쥐었다
놓았다
흔들었다

어머니의 오월

부드러운 바람으로 엮어 짠 옥색 치마
박하 향내 가득한 당신의 손끝
나는 잊을 수가 없습니다

깊은 호수 빛, 그윽한 눈동자가 아름답던
연둣빛 풋풋한 당신의 미소
나는 잊을 수가 없습니다

창문 너머, 당신의 오월이 오네요
따뜻한 생명의 봄을 보내고
눈부신 장미꽃 한 다발 흔들며 웃어 주던
그 신선함을 잊을 수가 없습니다

창문 너머 오월은 찾아왔는데
지금은 없는 당신의 아름다운 오월
나는 잊을 수가 없습니다

오이도에서

낡은 발동선이 떠난 오후
밀물과 썰물 사이를 오가며
흔들리는 섬에서 바다에 떠밀린 수초처럼
나는 "낮달을 안주 삼아, 술을 마셨다"

불거진 관절을 끌고 나간 아버지
가끔 오이도는 하루의 푸른 식탁
새로운 도시 불빛은 밀물 끝에서 밀려들고
그 불빛을 등지고 떠난 어족들의 고향

이웃들은 가벼워진 고향을 끌고 어디로
가는 것일까
마지막 남아 있는 정직한 절망들이
때로는 함께 꿈꾸고 잠들던 곳
녹슨 닻에 걸려 위태로운 고향

비가 오면 맨발로 젖는 몇몇 사람도
새벽 배에 오르면
오이도는 새벽 내내 술렁거렸다
아득히 멀어지고
다시 언젠가 단단해져 찾아올
한때는
아버지의 왕국이었을 푸른 섬 오이도

상상유리체증

보고 듣는 것들이 가끔 이해 불능 상태
나는 자꾸만 보이지 않는 것을 보고
말하지 않는 것을 자꾸 듣고
꽃은 꽃이 아니고 가끔 긴 꼬리 달린 별

뒤꿈치를 치켜들지 않아도 보이던 세상
눈을 비비지 않아도 푸르던 젊은 날
그런 날 내게도 있었을까
보이는 것들에 대한 불신
통증 없는 아픔을 뒤춤에 자꾸 숨겼다

잘 보이지 않는 것들은 기억된 모습으로
잘 들리지 않는 것들은 습관처럼 상상하며
어눌한 표정을 감추고 나는 더 익어 가겠지
버릴 것 많아 소중한 내 소풍 길에
되돌아갈 수 없다면 천천히 물들어야지

* 상상유리체증: 눈에 파란 별모양 이물질이 떠다니는 증상으로 안과 질환

위태롭다, 가을이

서둘러 타들었다
통증 없는 슬픔이 온몸에 휘영청
하루 열두 번 목까지 단물이 돈다

가을바람으로 허기진 배 채워도
말라가는 나무들
가끔
꽃잎 베이듯 소리 없이 피가 돌았다

어느 해 가을엔
누구의 소중한 어머니가 떠났고
우직한 아버지 닮은 은사님이 떠났고
같은 해 가을 바닷가에서
마흔도 안 된 나의 아픈 친구가 떠났다

가다 서다
돌아봄을 반복하는 나의 전생아
지금은 그들이 남긴 소중한 어느 가을,

합장하며

꽃과 새들도 슬피 지저귀는
산봉우리 보이는 어느 높은 산사
여린 너의 이름을 올려놓고 기도한다

내 한쪽 갈비뼈 같은 소중한 사랑아
언제부터 네 몸 안에서 자라고 있었을까
시퍼런 가시들 모여 주소불명의 집을 짓고
제집처럼 무럭무럭 자라났구나

검붉은 혹 덩이 탯줄 없이 또 태어나고
오장육부 지나 발끝까지 쑥쑥 자라는 통증
쓸모없는 가지로 제 살처럼 살고 있구나
여린 너의 이름으로 간절히 기도한다

아침에 눈을 뜨기 싫다던 너
지혜롭게 병마를 구름 걷히듯 이겨내기를
염치없이 나는 하느님, 부처님을 찾았다
부디 눈을 뜨면 새로운 아침이 오길

가을 앞에서

나보다 먼저 떠날 준비하는 나무들
버려도 좋을 것은 미련 없이 잊히며
가을엔 자꾸 내려놓는 거라고

나무보다 먼저 내가 길을 떠났다
하룻길도 온전히 떠나지 못하면서
한 사흘 부러진 날개처럼
우울함을 무기 삼아 쏟아내면서

달콤하거나 쓸쓸함을 미각으로 느끼며
새벽처럼 가벼운 바람으로
한 오백 년 지나 봐야 알게 될 이 무게

또 누군가 내 나이를 물어 올까 봐
한 걸음 더 빨라졌다
이미 서성이다 늙어진 나의 시월이여!

꿈꾸는 아침

밤새 늘어진 관절을 추스르는 아침
문턱을 넘는 일 그리 멀지 않은 거실 앞
또 하나의 내 집처럼 바라보는 20층 아래
아무도 다녀가지 않은 황망한 바다 같다

물컹한 아침 공기가 안부를 전해왔다
베란다 귀퉁이에 매달려 있던 푸른 잡풀
언제부터인지 뿌리를 버리고 시들어 갔다
벼랑 끝에 반짝이는 별이 되었을까

키 높이 줄무늬 운동화 끈을 매지 않아도
손가락 사이 파닥거리는 아침은 온다
누군가는 꽃 같은 내일이었을 오늘
베란다 귀퉁이 잡풀의 숭고한 죽음까지

20층 밖에서 찾아 온 눈부신 햇살
더듬이로 긴 잠 깨우는 아주 단순한 아침

비익조

저 푸르고 넓은 하늘을 나는 날지 못하네
혼자서는 온전히 볼 수도 없는 세상
천년을 기다리면 한 몸 될수 있을까
살을 깎아 내는 아픔은 반쪽 붉은 쪽 빛

눈물로 몸을 녹이듯 가벼워지면
너를 만나 눈이 되어 하늘을 날 수 있을까
한쪽만 바라보는 슬픈 세상
비와 바람을 날개 삼아 너에게로 갈까

거룩한 사랑으로 피어 날,
천년을 기다려 준 기쁨이어라
그대 서쪽 하늘에 바람이거든
나는 서편에 닻이 되어 펄럭이리라
비와 바람 날개 삼아 너에게로 가리라

* 비익조: 중국 전설에 나오는 상상의 새. 한 쌍이 되어야 완전해지는 존재

괄호 안에 뭣이 중헌디

괄호 안에 "뭣이 중헌디"
내게 물어오니 괄호 밖이라고 답을 주니
가만히 아주 천천히 생각해 보았다

짧더라도 굵고 힘차게, 야심 차게 살 일
세상이 어디 혼자서 일등 할 수 있을까
십등도 있어야 일등도 존재하는 법

괄호 밖의 세상은 더 찰지고 느긋한 법
누구를 탓할 겨를 없이 앞만 보고 달리자
괄호 밖 세상
짧더라도 둥글고 굵게 살아 볼 일,

괄호 안의 세상이 궁금하지 않았다
일등만이 중헌 세상은 아니라 했다
괄호 안에 뭣이 중헌디

시화공단에서 집으로 가는 길

시화의 밤은 낮보다 더 밝고
기계 소리는 적막을 깨웠다
어둠이 깔려야 할 시간
창문마다 불빛들은 분주히 인사를 해왔다

누군가의 아버지, 누군가의 아내
누군가의 귀한 자식들이 밤새 기계 옆에 서서
남아 있는 가족들의 편안한 밤을 지켰다

밤은 깊어가고
기계 소리는 더욱 우렁차 희망에 찬 소리

새벽이면 약속이나 한 듯 하나둘
사랑을 안고 집으로 돌아가는 시간
도시의 아침 불빛은 밤과 달라
노동자의 땀으로 희망의 노래가 울리는 곳

아이의 웃음소리는 고단함을 날려주고
무뚝뚝한 아버지의 잔잔한 미소는
어깨 위
희망과 꿈의 열매로 부풀어 올랐다

새벽 집으로 돌아가는 길
선물이다

어느 강가에서

창가에 화병 속 국화꽃이 말을 걸어왔다
바람이 얼마나 오래 들어왔는지
가벼웠던 가슴 한쪽이 무겁고 아린다고

노랗게 지고 있는 지친 저녁 불빛
허기진 내 기억들이 배웅을 나선다
살아 있으므로
너를 기다릴 수 있다는 것은 기쁨이다

내일은 얼마나 기다려야 노랗게 노을이 지고 바람이 올까
내일은 얼마나 숨죽여야 빨갛게 꽃이 필까
생각 없는 말들이 눈을 찌르고
혀를 자극했다
너를 기다릴 수 있다는 것은 아픔이다

가벼워진 내 등을 토닥이는 밤공기
한때는
아름답다던 푸른 강가 물새 한 쌍도
가벼워진 언어들의 장난에 슬퍼졌겠지
내가
너를 아직 기다린다는 것은 두려움이다

물 같은 세월이랬지

가벼워진 몸속에선 영혼까지 비어 갔다
시간을 거슬러 갈 수 있다면
한낱 가벼운 새털로 자란들
그날로 돌아가 내가 될 수 있을까
갑자기 내 안에 불안이 몰려왔다

바람 따라 세월도 흘러 흘러 딱딱해지고
건네고 싶은 말도 벙어리처럼 굳어버리고
바람처럼 물처럼 아주 가벼워지면
그날로 돌아가 나는 내가 될 수 있을까

더하고 뺀 나머지만 주섬주섬 챙겨 들고
하찮은 단어 하나에 감동하며 웃어 주겠지
물 흐르듯 바람 불면 흔들리는 나무처럼
움켜쥔 추억하나 세월 따라 잊혀지겠지

섬에서

출렁이는 파도를 친구 삼아
넘실넘실 노를 저어 수평선 끝
다시 한없이 노를 저어라

마음 편한 곳 내 진자리인 걸
자라지 않는 나무 구름 노래
그곳에서 친구가 되자

내일을 소원하며 노래하는 빛이여
밤마다 넘실넘실 춤추는 파도여
힘껏 부딪쳐 울어라, 부서져라

누군가 두고 간 한(恨)이고
누군가 두고 간 넋두리이고
목까지 숨이 차오는 섬에서

박제

표정은 무척 의연했다
목을 빼고 천장을 향한 모습
당당하기보다는 측은해 보일 뿐

살아 있는 듯, 죽은 듯
내면을 숨기고 비밀스럽게
수척해진 새 한 마리

닫힌 문 사이로 햇살이 스미고
새로운 삶을 정성껏 마름질하는
자신만 모르게 표백돼 가는

내 영혼들이 아직 살아 있다는
물음표를 던진다
밖으로 나올 수 있다는 고독한 몸짓

8월의 마지막

자리에서 일어나 신발을 신을 때까지
거리가 가장 멀게 느껴지는 게으른 아침
달콤한 솜사탕 같은 냄새가 사르르 번지는
계수나무잎 향기에 기분 좋아지는

가을로 가는 하늘이 더 맑게 말을 걸어오고
적당한 바람에 밀려
때가 되면 여름은 가고
그 속에 내 삶도
한 계절만큼 단단해지고 성숙해지고

일찍 물들어
떨어지는 나뭇잎도 사랑으로 감싸며
심심한 삶이 아니라
아쉽지만 기꺼이 받아들이며

새로운 기도로 아침을 여는
오늘도 기쁘게 사는 법을 배우며
감사하며 겸손하게 먼 길을 나선다

살아지는 것들

참으로 먼 길 숨 가쁘게 달려와
여기쯤 한 시름 놓을까
잠시 한쪽을 비우고
가벼워져 새처럼 날아볼까 했는데
다시 새로운 시작처럼
양쪽 날개가 부르르 떨고 있네요

거울 속
울고 웃고 지나간 자리 간신히 꽃이 피고
긴 여정 끈 풀고
쉬고 싶고 울고 싶어질 때도
그저 눈물은 손님처럼 거쳐 가는
가벼운 바람 같은 것일 뿐

검버섯처럼 잘 길들여진
나의 지친 이마에 그려진 실핏줄
둥지 없는 철새 한 마리 등에 기대어
슬피 울고 있네요

어디서부터 철새는
하얀 등을 대고 울며 따라왔는지
언제부터
내어 준 등이 단단해져 숲이 되었는지
언제부터
나는 강물처럼 소리 없이 흘러야만 했는지

거룩하게 살아지는 것들에게
나는 슬픔을 나누는 중이네요

성주산에서

투박하고 어두운 겨울의 벽을 깨고
봄이 오려는지
아침마다 성주산 능선으로 꼬물꼬물
물안개가 눈가를 간지럽혀 왔다

움츠린 능선이 기지개를 켜는지
꽃들은 서로 다퉈 움트자고 아우성이네
아침마다 성주산으로 햇살이 두런두런
물오른 나뭇가지 수줍게 손장난을 한다

겨우내 책장 속에 숨겨져 있던 꽃잎은
우직하게 정수리로 쏟아부을 분홍빛 선혈
수많은 탄생을 기다리는 바람 난 오후
햇빛에 흥분한 생물들이 앞다퉈 분열하는 곳

비타민을 먹어야 하는 이유

오늘내일 계획도 모자라 1년, 10년
건강한 내일을 꿈꾸며 기록했던 때도 있었다
나는 분명히 서른 살로 살았고
나는 분명히 마흔에도 건강했고
새벽 출근을 하고 가계부를 쓰고
가계부는 보기만해도 배부르고 뿌듯한
친구였다

오십을 지나면서 자꾸만 꿈이 작아지고
오십을 지나면서 비타민을 먹어야 한다고
오십을 지나면서 영양제 숫자가 늘어났다

벌써 간간이 친구의 부고가 날아 들었고
관절이 지난 자리 열정을 부담스러워 했다
오십을 한참 지난 지금 내 몸 안에서
덤으로 사는 족적들이 많아진 것 같아
왠지 서글펐다.

미련한 저녁

강가에 나와 앉았습니다
바람 불고
빗물이 지나간 강가에
미나리아재비, 꽃창포, 부채꽃이
옆구리를 간지럽혀 옵니다

저녁으로 달빛이 귓속말을 전하고
별빛마저 더 멀리 가 버린 강가
강바람은 이미 잠이 들고
지난해 심하게 앓던 열병이 도졌는지
건너편 새 한 마리 구슬피 울어댑니다

열병으로 침침해진 눈은 강물에 씻고
저릿한 가슴 한쪽 울음은 빗물에 씻고
흔적 없이 묻어 두고 일어서는 저녁
아무도
창백한 걸음을 따라오지 못할 겁니다

말, 말, 말

귀를 통해 스멀스멀 기어드는 환청
움직임 없이 머리부터 삼켜버리는 이질감
혈관이 차갑게 오므라들고 몸서리쳤다
그곳을 타고 발끝까지 전해지는 낯선 전율

질겅질겅 누군가의 입속
달콤한 아카시아 껌 같기도 하고
훌륭한 도구로 내 앞에 또아리 틀었다
풀었다
그날 이후
하루하루 귀는 달덩이처럼 부어올랐다

살다 보니
내 입에서도 손님처럼 누더기 언어들이
몇 번을 곱씹다가 식도를 타고 수시로 역류했다
지금은 역류성 용트림을 하며 잘났다고
아랫입술에 추를 달고 저울질하고 있는 중

어느 여름 기차역에서

그토록 뜨거웠던 여름
바람을 앞세우고 떠나는
한때는 그리운 사람들의 피난처
화려하지 않은 철길을 건너는 시간

잰걸음으로 밤새 소리를 따라 걸었던 곳
이리도 깊고 무례한 산중 늪이었을까
사랑은 그저 꿈이고 그림자뿐이었을까
나는 그 깊은 늪에서 열정이지 못했다

한때는 사랑하는 사람들의 은신처
긴 여정을 품고 달리던 기차도 떠나고
우직한 아버지를 닮은 내 사랑도 가고
더는 기다려도 오지 않는 허름한 기차역

섬에서 온 편지-1

아리온의 하프 소리를 듣고 찾아온 돌고래처럼
그리워 부르는 8월 아침의 노래
빛바랜 자주달개비, 사데풀, 개소시랑개비, 매꽃
거미줄에 걸린 꽃잎 하나하나
작은 것으로도 행복한 8월 어느 날

힘을 잃은 여름빛이 조용히 뒷걸음질 치고
무더위 사이로 스치는 한 줄기 바람은
서두르지 않아도 찾아올 가을을 마중 나섰는데
여름과 가을 그 중간, 간절기에서
시샘하듯 다시 여름 폭우가 쏟아졌다

호우경보, 산사태 경보로 지친 세상
비에 젖은 것들은 슬픔 반, 애절함 반이다
계절의 섭리가 때로는 이토록 무섭고 악마 같은 것을
종잡을 수 없는 날씨 변화에 사람들의 포효 뒤

거짓말 같은 아침이다
나무들이 빗방울을 머금고 새침하게 웃음 건네는
반역질 같은 평화가 터무니없이 찾아왔다
매일 아침 "오늘도 안녕하신지"

섬에서 온 편지-2

지구의 시작이 자연과 함께라지요

마음속 온갖 오욕칠정의 번뇌들이
희미하게 먹물처럼 퍼져 사라지는 시간
솔잎 끝에 매달린 대롱대롱 물방울
때 묻지 않고 어쩌면 저리 싱그러울까요

석류는 익어가고, 배롱나무 꽃잎은
뚝 떨어지다 들켰는지 숨어 버리고
창밖 전봇대 위 까치 두 마리
사랑스러운 이야기로 무척 수선스럽습니다

야생화들이 줄을 서서 도란거립니다
보랏빛 도라지꽃, 주홍빛 원추리, 강아지풀
어린 딱새, 가시상추꽃, 왕고들빼기, 까마중
그리고 익어가는 모과와 매미 울음소리

생각해 보면 세상일이 시절 인연
삼천 번의 인연이 쌓여야 좋은 인연 된다지요
안부를 묻고 전해주는 인연 또한 귀한 아침
참으로 행복하고 소중한 하루를 시작합니다

섬에서 온 편지-3

맥문동 흐트러진 보랏빛 계절
푸른 잎은 떠날 준비를 하고
느티나무
그늘 아래
어수리, 이질풀, 짚신나물, 으아리꽃
지고

물봉선, 달개비. 솔체꽃
도란도란 손잡고 피어나는 계절
내 마음도 덩달아 물들어
시나브로 풍성해지는

아!
가을입니다

3부

동백꽃

꽃이
참!
참하다

내 맘까지
다 가져가려 한다

보문사에서

외포리부터 따라서 온 바람을 목에 감은 채
사백열여덟 계단을 오르고 다시
마흔여덟 계단을 오르면 마애관음보살좌상 앞
비 내리는 젖은 법당에 발가락 오므리고
오선 그린 이마 떨구고 백팔 배 하는 저 老人

내 기도문도 불전함에 손을 쑥 집어넣었다
꽃이 붉고 나무는 푸르고 바람은 차가웠다
천이백 년 모진 비바람 폭풍을 이겨 낸
저 마애관음보살좌상 앞에서 시절 같은 꿈이라
서해 찬 바람이 냅다 이마를 때려 왔다

수레 끌던 저 아름다운 老人의 손등을 보라
흙빛 이마로도 기막히게 아름다운 저녁
오만과 자만으로 내 기억을 지워가는
안쓰러운 나의 젖은 발등 위로
긴 그림자
보문사의 저녁이 저물고 있다

아버지의 고향

12월 어느 저녁 할머니 손을 잡고
냄새 나는 버스에 몸을 실었다
이따금씩 심하게 흔들리며 지나갔다
그때 떠나온 고향이 아직 나를 기다릴까

다시 돌아오지 못할 것 같은 두려움
아버지를 떠나는 슬픔이 왼쪽, 오른쪽으로 마구 흔들렸다
남아있던 고향의 푸른 나무들은 아직 자라고 있을까

한동안 낯선 마을에서 사람들과 뿌리를 내렸다
어린 동생은 고향을 떠날 때부터 "엄마, 엄마" 울어댔다
실컷 동생을 때려 놓고 다시 끌어안고 울었다
그때 떠나온 아버지의 고향으로 돌아가지 못할까 봐

모두가 떠나고 변해 버린 세상에서
나는 아버지가 꿈꾸던 오늘을 살아가고
할머니가 없고
어머니도 없는 세상에서
차곡차곡 쌓아 놓은 그리움과 미움들
그 경계선을 넘어
나는 아버지만큼 늙어 있었다

아버지 냄새 같은 바람이 부는
푸릇한 저녁
나는 아버지의 고향 언덕에 앉아 있다

취객

밤새 마시고 세상과 단절한 양복 입은 신사
고양이처럼 웅크리고 보도블록 위 정중한 인사
끈 풀린 구두 한 짝에서는 식구들이 아우성이다
발길질에 박자 맞춰 헛손질, 멱살도 잡아본다
웅크리고 쏟아낸 오물들은 사는 곳으로 향했다

새벽 자동차 소리는 꿈속 같던 정적을 깨고 어두운 몸
안에서 환해지면 삼미시장 가로등 하나둘 불이 꺼지고
상인들이 몰려드는 시각
아무 일도 없었다는 듯 미련 없이 몸을 털었다
누군가에겐 존경받는 가장이었을 양복 입은 신사

다소 불편한 눈길을 등지고 뻔뻔하게 걸어 나왔다
내 사는 주소가 어디인가요? 아직 눈은 취했다
당신 사는 주소가 어디인가요? 아직 진술 거부 중
어둡고 긴 터널을 터벅터벅 걸어 나오면
다행히 아무도 나를 알아보는 이 없는 세상

아! 대한민국

점과 점이 만나 섬이 되었다

한주 걸러 광화문 앞, 누군가는
진실을 부르짖으며 촛불을 들었다

촛불은 희망을 향해
대찬 바람에도 꺼지지 않았다

그 반대편 어둠 속 군중은 無形의 신
우상을 섬기며 태극기에 상처를 냈다

누군가 만들어 놓은 깊은 웅덩이
깊이도 모를 폭민 되어 촛불을 끄겠다고
아들은 늙은 아버지와 단절했다

아! 대한민국

흔적

열다섯 번의 겨울이 지나갔다
바람 불면 마음껏 휘청이는 미루나무
아버지 품 같은 오백삼십리 뚝방길에서
죄 없는 싸리 꽃만 꺾어 가며 걸었다

어머니 배 속 열 달을 살아보지 못한 나는
온 우주의 모든 슬픔이 내 안에서 뿌리로 자라고
살 베듯 소리 없이 더 깊은 뿌리를 내리고
밤하늘 별들은 하나씩 강으로 떨어졌다

길 없이 떠돌던 바람
섬진강에 와 잠시 머물다가 둥근 무릎을
꿇고 펑펑 울었다
'살면서 무엇이 그리 그립더냐' 아버지가 물으셨다
살면서 무엇이 그리 슬프냐고

아름다운 별이 되어
– 세월호 별들에게

겨우내 말없이 내 등을 지키던 목련도
갖은 한파를 몰아내고 꽃은 피는데
꽃보다 더 아름답던 너는 돌아오지 않고
그 바다엔 노란 꽃이 삼천 일을 넘게 펄럭인다

차마 보내지 못해 찾아간 그곳에
죽음보다 더 아픈 심장을 묻어 두고
수없이 다녀갔을 너를 기억하기 위하여
서럽게 밥을 삼키고 망각의 강을 건넜다

백 년이 지나고 천년을 거스른들
마지막 목소리를 잊을 수 있을까
그 애절한 절규
찬 바닥에 누워 외친다

부디 그 먼 나라에서는
세상을 비추는 아름다운 별이 되고
칠흑 같은 세상을 밝히는 꽃이 되거라
영원히 기억하고 부끄러워하리라
아픔 없는 그곳에서 마음껏 피어나거라

가을 앓이

찬바람에 말라가는 나무들
늦은 가을에는 그랬다

꽃잎 베이듯 소리 없이 핏물처럼
한참을 절규해야 찾아온다지

가을은!

갑자기 쏟아지는 가을비처럼
슬픔이 우수수 쏟아 졌다

존재의 이유

꽃처럼 참 곱다 했다
새색시 볼처럼 수줍던 시절
세월 가도 아깝지 않은 것은
무럭무럭 나만큼 자란 나의 분신

어느 하늘 아래 튼튼히 뿌리 내리고
서두르지 않고 푸르고 단단하게 피워
누군가에겐 칭찬과 감사를 전하며

이쯤에서 나는 없어도 좋더라
나는 껍데기여도 마냥 좋더라
세상에서 가장 건강한 나무로 버팀목 되어
아름다운 꽃으로 오래도록 피어나거라

정중한 이별

이념에 대한 논쟁은 생각지도 못했다
정직한 어느 공직자의 죽음 앞에서
비밀스러운 수첩 한 권에 진실 묻어 두고
목숨 내려놓은 한 기업인의 죽음까지

그랬다

어느 날 풍문처럼 들리던 소설 속 주인공들
부정부패 도구 삼아 부귀영화 누린다는
가난하고 배고픈 자들의 주리를 틀고
무엇을 위한 아방궁이었을까
눈이 멀었을까, 귀가 멀었을까

부정부패로 융단 깔린 그들의 아방궁
칼을 들지 않은 권력으로 비수를 휘두른 곳
아직 정직하고 살 만한 세상 밖으로
귀먹은 장님이라 할지라도 정중히 걸어 나와
사죄가 그리 중한 형벌인가

그래도 마지막 뒷모습은 아름다워야 할 시간

가을 예찬

한 계절을 보내고 다른 계절을 영접하는 시간
거리엔 힘차게 비가 내렸다
내 안에 꽃잎 적신 빗물이 넘쳤다

이 작은 몸 어디에 어지럼 늪이 있어
왼쪽인 듯 오른쪽인 듯 귀퉁이에 도랑을 치고
거센 물길이 불안하게 거침 없이 흘렀다

현란한 꿈에서 깨어나
가벼워질 수 있을까
부력의 힘으로 가벼워질 수 있을까

'가을인가요?'
이 비가 그치면 깊은 내 안에 물길이 잡히고
새벽처럼 맑게 꽃잎으로 떠오르겠지요

놓치고 온 것들에 대하여

그때 그 시간
그리고 오늘

빈 찻잔의 동그란 흔적
누구의 시간이 다녀간 흔적들일까

그저 시간은 누구의 인생을 몰고
앞에서 끌고 가는 힘겨운 달구지일 뿐

시계 속 지나온 세월이
갖은 문양으로 울었다, 웃었다

두고 온 흔적들은 아직 찰카거리며
이 땅의 한 모퉁이를 돌고 다시 돌고

세상이 궁금했다-1

지난밤 북한 강가에 바람이 불고
아버지가 두고 간 별들은
밤새 강가 주변에 수북이 떨어졌다
강 건너 산은
그 자리에 우뚝 앉아 있는데
강물은 자꾸만 울면서 어디론가 가고 있다
산은 얼마나 그 자리를 지킨 것일까
얼마나 눈물이 쌓여야 산이 될 수 있을까

저 깊은 강속엔
별들이 떨어졌을까

세상이 궁금했다-2

새벽 창문을 열었더니
새 한 마리 계절을 알려왔다
첫눈이 내린다고

추억할 만한 기억을 보듬던
겨울새 한 마리
깃털 하나 찻잔에 두고 갔다

못다 한 말들
못다 한 시간이 우수수
바깥세상은 지금
함박눈으로 함몰되는 시간

내 젊음도 그렇게 지워가고 있었다

폐 철길에서 안부를 묻다

달리기를 멈춘 열차는 스스로 철길을 가두었다
다만 녹슨 두 평행선 사이 건너기를 반복하는 집착
슬프고 가난한 노동의 흔적들
허름한 좌판 위 죽은 새우들이 붉은빛으로 저무는 저녁
열차는 언제부터 어디서 달려 바다로 흘러가
끝내 돌아오지 못하는 것일까
소래강 뱃길은 바닥까지 이어지는 한나절을 비운 채
철길에서 뚝뚝 떨어지는 비릿한 삶을 언제 완성시켰을까

더 이상 열차가 달리지 않는 철교각 사이, 자결하는 일몰은
마치 마지막 생을 알기라도 한 듯
소래강을 온통 핏빛으로 물들이며 힘겨운 호흡 중.
강 건너 갈대들을 키워 온 폐염전은 다 아는 듯 입을 닫았다

협궤열차와 떠난 수많은 사람의 이름을 부르며
한때는 집착이었을, 그리움 같았을 그 모든 것들에게
별것 아닌 듯 안부를 물어왔다
생은 얼마나 순간적이었냐고

기도

달리 부귀영화가 아니다
건강한 몸과 정신을 가지고
오뚜기처럼 살아가는 사람들
하루가 한 달처럼 긴 시간
갖은 병명을 꺼내 들고 싸우는
너의 내일을 간절히 기도한다

병마를 몸에 달고도 살아보겠다고
충혈된 눈으로 아침을 맞고
한주먹 알약을 입안에 털어 넣으며
천년도 못 살면서 하루를 시름하는

일용할 양식을 달라하지도 않고
부귀영화를 달라하지도 않겠으니
살붙이로 태어나 준 내 혈육의 생명
태어날 때 지고 온 짐 다 내게 주고
부디 건강한 육신으로 살게 하소서

섬진강에서

앞다투며 치열하게 살아 온 시간

가끔은 내 걸음걸음이 어디쯤

이제는 멈추고 싶은 어느 가을날

언제가도 내 맘 같은 섬진강에 닿았다

모든 생명들이 나를 위해 귀를 열었다

깊은 숲 들꽃이나 될까

강물 되어 끝없이 흘러갈까

저 강가 알 수 없는 새 울음소리

섬진강에는 언제나 나의 동무가 산다

다음 생애

다음 생애는
고통의 무게를 모르는
나비로 태어나고 싶다

누구에게는
참
아름다운 세상

다음 생애는
쓸쓸함도 모르는
나비로 태어나고 싶다

고독의 변방 소래강에서

뜨거웠던 햇볕과 바람을 앞세운 사금파리
갈라진 염전 바닥으로 스멀거리고
지는 해는 내 몸속 더 어두운 곳에 들어앉았다

앉은뱅이 되어 몸 밖에서 휘파람 부는 갈대
버려진 갯벌 거대한 이상의 주체는 소금 창고였을까

사람들에게 고독의 피난처라 불려진 소금 창고
낮과 밤은 사선 없이 허물어지고
소래강 붉은 물은 조심스레 내 혈관 속으로 젖어 왔다

외길 같은 소래포구에서만 볼 수 있는 평행선 아래
갈대들은 왜 은밀한 종족의 자리를 내어 주었을까

고독의 변방 소래 강에서 그들도 빗물처럼 흔들렸을까
낡은 소금 창고를 지키던 물새 한 쌍의 사랑 이야기
포구의 낡은 다리 빛바랜 책장처럼 넘겨져 갔다

안부

잊었거나 잊혀졌거나
그저 그렇게 머리를 비워 갔다

같은 하늘 아래 숨을 쉬고 있냐고
백지에 낯선 언어로 안부를 적었다

벙어리처럼 내 뱉지도 못하면서
세월이 시키는 대로 많은 말을 적었다

덕분에 한세상 바보처럼 살았다고
참 잘 살았다고

가끔 그때처럼 눈물이 난다고

그날 광장에서

매일 밤 흙탕물이 스며들었다
겨우내 홀로 앞뜰만 지키던
창밖 목련도 겨울을 이기고 만삭인데
광화문의 아우성 바람을 깨우는 소리
밤낮으로 모여드는 깃발들이
잠들었던 심장을 다시 흔들었다
밤새 노랗게 핏기 잃은 얼굴들
귀 멀고 눈 먼 비수 같은 밤
서러운 밥을 포기하고 몸은 야위어 갔었다
백일 넘도록 광장에선 종족임을 잊고
사납게 정치적 이념을 불사르던 아버지
이제는 약속 없이도 끝내야 할 시간

길을 내어주고 창문을 열어 봄을 반기듯
후세의 뿌리가 내릴 때까지 환승역에서
희망을 핑계 삼아 하나 되어 노래 부르네

불면증

내가 사는 곳으로
누구도 따라오지 않고요
낮과 같은 밤이 고통이고요
귀 밝은 나는 포기했다
잠에 대하여

새벽이 오고 겨울이 떠난 숲
새들 웃음소리
아침을 기웃거리는 햇살
하얀 밥풀 꽃 되어 일제히
내 발가락 사이로 뿌리 내렸다

아무 일 없었다는 듯

폭풍전야

외출한 아버지가 돌아오지 않았다
머리만 물 위에 떠 눈만 껌벅이는 소떼들
"살려 달라" 울어댈 겨를 없이
물길은 긴 혀로 세상을 훑고 지나갔다
앙상한 뼈대만 남은 새로운 아침
거짓말처럼 태풍이 지나간 자리에 평온
지워진 이름과 남아 있는 이름들을 세었다
살아남았기에 다시 자연에게 위협받으며
목적지를 향해서 사람들은 또 시작 했다
은혜로운 자연의 섭리를 비웃으며
초토화된 흉흉한 그 곳에 나무를 심었다

기억이 상실된 사람처럼
사람들은 다시 거대한 기대로 꿈을 꾼다

녹동항에서

녹동항의 새벽이다
집 잃은 고양이처럼
새벽마다 이슬 털며
섬은 소리 없이 울고 있다

언제부터인지
육지와 탯줄을 끊고도 버리지 못하는 섬
한 줌의 알량한 기대
이웃들의 가벼워진 기억들을
망향탑에 잠재우며 뒤척이는 섬

역사가 버린 섬에서
제 여자를 버리지 못한 남자는
문 닫힌 낡은 횟집 앞을 밤새 더듬이로 긁어댄다
망향 탑에 잠들지 못한 여자는
새벽까지 섬을 떠나지 않았나 보다
남자의 저린 팔베개 밑으로
소라껍질 같은 바다가 자꾸만 들어왔다

추전역의 새벽

노동으로 배부른 땅
태백산 간 추전역

아버지의 등처럼 굳어진 철로는
한때 태백의 유일한 숨결이었다

어디로 떠났는지
복겸이 아버지 탄광의 별이 된 지 오래
더는 새로운 양식을 낳지 못하는 땅
잠시 멈춘 열차의 골수마다
슬픈 기억들은 안개로 스멀거렸다

죽은 별들이 땅으로 붉게 떨어지는 새벽
또 다른 눈부신 아침이 오고 있었다

4부

공(空)-1

강물은 흘러 돌아오지 않는 것처럼
세월은 쉬지 않고 한없이 흐르듯
짧지만 고단한 인생도 가고
천길 산속 바람 소리만 섧더라

어릴 적 아버지 적어주신 교훈
동쪽에 걸어 두고
바람 부는 대로 물 흐르는 대로
이기고 지는 마음 결국은 허공이어라

공(空)-2

첩첩한 푸른 산속
흐르는 물소리만 고요해라
시키지 않아도 꽃은 피고 지고
떠도는 저 구름은 내 마음 알까

나는 누구의 딸이었으며
이 부질없는 욕심은 누구의 재산이고
누구의 은혜였던가
소풍 왔던 길 빈손으로 가면 그뿐

푸른 산속 헤매는 바람도 아니요
깊은 강 흐르는 강물 그리움도 아니어라

공(空)-3

그저 맑게 흐르는 것은 강물뿐
천년 같은 人生 새처럼 날 수도 없고
만년을 누릴 것 같은 젊음은
잠시 잠깐 나를 지나
가고 오는 뜬구름 같아
행복도 잠시 머물다가는 바람 일까
깊은 산모퉁이 바위틈
잠시 머무는

공(空)-4

바람 드센 언덕 저녁 하늘이 붉어라
이웃 같은 슬픔만 환한 꽃으로 왔구나
곁에 꺾어 둔 꽃은 지고 사랑도 가고
잎 하나 바람에 서글프도록 나부끼네

천개의 그리움을 쌓아 섬을 만들고
만리강산 돌고 돌아 머나 먼 저 강가
그리운 님 하루만 더 보고 갈까 하여
가고 건널 배 하나 준비 없이 앉아 있네

연못의 서(書)
– 강희맹 선생 추모 시

고요한 물결 위, 한지에 붓끝을 적시니
맑은 향은 멀리 번져 꽃이 향기롭더라

군자의 꽃이라 진흙 속에서도 청결하니
무너지지 않는 절개로 시심만 깊어가네

금양의 연못가에 시를 읽는 선비 눈엔
진흙탕 속 민중의 심금을 울리는구나

연꽃은 곧 그대의 심장이라
고요하되 뜨거운 절개는 시심뿐이네

그대의 붓끝은 진흙 속에 수절이라
백성의 누추한 삶을 품고

그 무엇에도 흔들리지 않는 절개라
연꽃처럼 피어 조선을 적시는구나

모란꽃

여윈 별들이 나를 닮았다는 걸
돌다리 서른쯤 건너고야 알았다

위대한 여름도 가고
모란꽃 같던 어머니 가신 자리
산산이 부서지는 저 아름다운 선율
한 마리 나비였을까

먹구름 꽃구름 가고
모란꽃 같던 어머니 가신 자리
구슬픈 12줄 가야금 소리
꽃비로 내리면 내 마음 서글퍼라

교통사고

찰나의 순간 시간이 멈추었다

연약한 기억 저편 결빙주의보
울부짖듯 내 이름을 부르는 소리
구급차에 이름을 싣고 기억도 실려 왔다
뿌연 연기 속 내장처럼 쏟아지는
소지품을 끌어안고
구겨진 흉한 모습의 애마가 멀어졌다

방금 그 곳이 우주 끝 저승일까

소매 한번 뿌리치면 저승이라더니
저승 다녀오니 별것 아닌 것을
소중한 이름들을 자꾸만 되뇌인다

살아서 습관처럼,

400년의 바람
- 강희맹 선생 400주년 추모 시

사백 년 바람에 더 각인되는 그 이름
붓끝에 새긴 산수 여전히 푸르른데
촌락의 병풍 같은 아홉 풍경 속
백성의 삶을 품은 인자한 인성이네

시와 그림 속 고향의 숨결은
푸른 산수에 깃든 고귀한 영혼
아직도 바람결에 살아 숨 쉬네

학문은 기둥이 되어 나라가 굳건하고
예술은 물결 되어 후세들이 빛나니
그대의 자취는 세월에 묻히지 않고
별빛처럼 길이길이 백성을 비추네

사백 년 그 이후 사천 년을 넘어
학문도 예술도 후손들의 길잡이
강희맹, 그 이름 영원히 기억하리

알츠하이머

나를 열 달 동안 품어보지 못한 어머니
입에 빼빼로를 물고 있다
평생 당신이 사포질한 탁자 위, 정신을 맡기고
치매라는 외출증을 선물로 가슴에 달고
나는 매일 밤
종교 의식처럼 어머니 발을 씻겨 드리며
주저앉아 밤에만 숨어 우는 새처럼 울었다

어머니 찬 등에라도 업혀 보고 싶었던
어린 시절 지구의 반이 슬픔 같았다
지구의 반은 '어머니'

기억할까
어머니 등 뒤에 숨어
자꾸만 손톱 밑만 물어뜯던 어린 시절을

전생에 나는 콩쥐였을까
팥쥐였을까

이별-1

봄은 2월에 멈추었는데
단상에 흰 국화는 만발했구나
사는 게 거대한 섬이랬지

밀어내도 봄은 오는데
빈 가지 흔드는 바람뿐
보고 싶은 그 님은 오지를 않네

'아버지'

이별-2

이틀 밤, 낮 하얀 국화꽃 속
금세 말할 듯 활짝 웃고 있네

그곳에선 누가 그리 기다리는지
이별은 차마 준비하지 못했는데

푸른 소나무 밑, 동전 몇 닢과
한 줌 흙으로 묻어 두고 오는 길

목 메인 나만큼
바람도 슬퍼 머무는 곳

북한강에서-1

소담스런 함박눈에 강은 밤새 뒤척였다

강물은 현란한 물비늘을 만들고
백색천지 아름다운 무대를 만들고
비로봉에서 출발하여 금강천을 들러
유유자적 우직스럽게 남으로 가는 명줄

의연해진 숲에서 비밀스러운 집을 짓는
동고비, 딱새, 청둥오리 사뭇 분주하다
저들은 언제 태어나고 언제 죽는가
돌아갈 귀향길쯤은 기억하며 살고 있을까

비상을 꿈꾸는 물새 한 쌍 파닥거린다
가끔 소리 없이 내 무게만큼 일어서는 환멸
굽은 그림자를 밀어내며 속을 태우던 나는
사실은 돌아갈 고향을 기억하며 살고 있을까

북한강에서-2

남쪽에서 벌써 봄 내음, 꽃 내음
기별이 왔다

정겹다

말간 물빛 차오른 강변 옆
흙길을 걸었다

겨우내 쑥새가 울고 간 자리
새벽안개에 아버지 눈물 같은 이슬 머금고
고개 수그린 겨울 장미

북한강에서-3

겨울 마지막 바람
얌전하던 강 수면에 칼질하듯
날 세운 바람에 강물이 요동친다

멱살 잡아 매치듯
흥분해서 한참을 지랄이다
저녁, 억센 바람 후 봄 비 오려는지

강 건너 그 숲속 바람이 거칠다
개나리 분만하려는지
하기야! 그것들 올 때도 되었지

머지않아 심한 산통이 시작되겠지

북한강에서-4

살아남아 아름다운 것
허공처럼 뚫린 겨울 틈으로
풀풀 날던 새털 같은 세월

긴긴 겨울 땅에서
잠 깨고 움튼 생명들아
기적으로 일어나 푸른 하늘을 봐

선 긋기 전 하얀 도화지

연둣빛 강변 기어오른
풋 봄기운에
허기진 사랑놀이
정다운 물새 한 쌍 부럽구나

북한강에서-5

밤새 안녕을 전하며 이제는 창문을
열지 않는다
강 건너 산기슭엔 함박눈이 하얗게 자라고
그날처럼 강을 따라 지나던 목선하나
강기슭에 잠시 서성이며 출렁였다
새들은 젖은 나뭇가지에 앉아
아버지 가시던 길 추억으로 노래 부르네

겨울마다 감기처럼 찾아오는 통증
강 따라 유유히 한세상 흐르다가
강기슭 어디쯤
풀 섶에 주저앉아 울고 계실까
초점 잃은 눈 자꾸만 깜박이는데
새들만 아버지 가신 길 추억하는지
사람들은 뜨겁던 눈물까지 잊어가는지
누구의 안부도 궁금하지 않은 지금
세상과 당분간 불통 중

촛불로 빛나는 밤

낯선 그들이 하나 되어 꼬리 물고 약속처럼
광화문을 향했다
마음을 모아 일어서면 하나의 불꽃이 되고
햇불이 되고
대한민국이 될 수 있을까

순수했던 한 민족의 역사가 간절한 시간
몸은 피곤했다
마음은 밤마다 아팠다
끝을 향한 지루한 투쟁

단 하나 꽃잎보다 더 가벼운 이슬로 사라진 것들
떠오르고
되찾고
만나다
촛불의 民心

겨울 숲에서

나무에게 물었다
겨울 숲은 왜 침묵만 하냐고
답이 왔다 '너무 외로워서'
숲도 너무 외로워서
사람처럼 침묵하는 것이라고

어머니는 외롭지 않을까
어머니의 산소 앞으로
불 켠 감나무들의 잔치가 시작됐는지
나무들은 나를 목 빠지게 기다리고
별들은 산소 앞 불침번으로 분주했다

나는 그새 엄마가 되어 있었고
아이들은 나를 따라오고 있었고
나는 영락없이 어머니를 닮아갔다
소풍처럼 신명나게 살다 오라던,

상사꽃

힘없이 고개 떨구고 앉은 님이시여
마지막 당신의 모습은 차마
환하게 다 펴버린 핏빛 상사꽃
얼마나 기다리다 꽃이 되었나요
어머니!

마지막 그날은 내리지 않던 비가
몸서리치도록 애달프게 내렸습니다
마음 다잡고 실컷 불러보고 싶었던
어머니!

이제는 만져도, 눈으로 볼 수도 없는
그 먼 곳에서 부디 근심도 슬픔도
바람 가는 대로 다 날려 버리고
흐르는 강물처럼 유유히 평온하소서

보랏빛 연꽃 앞에서

길섶에는 지난해 피던 야생화 다시 피고
그리움 치미는 밤엔 더 초롱초롱한 별
가슴에 지니지 못한 알량한 孝心이
이제야 불덩이로 솟는 밤엔 달도 더 밝더라

生前에 계실 때는 말마다 상처라더니
허공을 돌고 돌아 홀로 가시는 그 길목에서
차마 보낼 수 없어 일어설 수 없었던
보랏빛 연꽃이 피던 날, 강도 울고 나도 울고

 웃고 울던 지상의 짧은 人生
고단하고 지친 몸, 새소리 노래로 들어가며
상실도 기다림도 슬픔도 의미 없는 곳
그 강가에 보랏빛 연꽃으로 평온하소서

불경을 사경하며

매일 두어 장씩 곧고 바르게 편지를 씁니다
그대에게 가을은 깊고 나는 이마를 짚고
어지러운 눈을 가리고 띄웠다 지우면서
매일 처음처럼 곧고 바르게 편지를 씁니다
어지러운 마음을 숨길 수만 있다면
육만구천 자의 법화경을 화관처럼 머리에 얹고
알지 못할 미립자의 분포와 합류하는 손끝
묽은 잉크가 현란하게 백지를 채우려는 포부
흐릿한 시력으로 나는 적갈색 편지를 씁니다
혓바닥으로 육만구천 자를 소리 내어 불러봤지만
어지러운 눈과 귀 좋지 않은 시력으로
기꺼이 육만구천 자로 나는 온전히 편지를 쓸 겁니다

겨울나기

뜨거운 심장이랬지 겨울은
몸에 옹그린 모든 것들을 뿌리에 묻고
지난가을을 찬양하면서 처연해지는,
새로운 계절을 초대하기 위한 기다림

겨울은 끝나가는 마무리가 아니라
새로운 내일을 잉태하기 위한 몸부림
회초리 같은 바람이 온몸을 감싸도
비워 낸 자리에 맑은 지혜 같은 내일이
찰랑찰랑 채워지겠지

부치지 못한 편지

물줄기가 빠져나가듯 고속도로 출구를 거쳐
낯선 포구의 이름을 따라 한참을 달렸다
여러 폐선이 기대어 수군대는 어느 작은 포구
바다를 등지고 선 플라타너스 나무 앞에 섰다
아직 다 물들지 않은 잎 하나 선물로 뚝 떨어져
그 곳에 안부를 적는다
새들과 바람은 다투어 나의 안부를 물어왔다
나는 지금 바람이고
어느 서해 바다 늙어가는
힘없는 폐선처럼 나무 그늘에 기대어 안부를 묻는다고
정겨운 바람은 깊은 숲을 만들어 내 몸을 감싸고
새들은 지웠다 다시 쓰는 내 비굴함에 깔깔대고 웃었다
함부로 보고 싶다는 말은 쓰지 말자고
함부로 무탈히 잘 있다는 말도 쓰지 말자고
모두가 서둘러 돌아가는 늦은 저녁까지 나는 그 자리였다
쓸쓸함이 들킬까 봐 다 저녁 낯선 국도를 빠져 나왔다
끝내 편지는 붙여지지 않은 채,

굳이 어설픈 안부를 전하지 않아도
모두가 안녕이라고!